Inhalt

Der Deutsche Corporate Governance Kodex

Kernthesen

Beitrag

Fallbeispiele

Weiterführende Literatur

Impressum

Der Deutsche Corporate Governance Kodex

M.Floßmann

Kernthesen

- Der Deutsche Corporate Governance Kodex wurde im Februar 2002 veröffentlicht; die Umsetzung des ersten Teiles erfolgte mit Inkrafttreten des Transparenz- und Publizitätsgesetzes (TransPuG) im Juli 2002.
- Neben einer Zusammenfassung gesetzlicher Regelungen zur Leitung börsennotierter Aktiengesellschaften in Deutschland sind Empfehlungen sowie Anregungen enthalten, welche sich an internationalen Standards für eine gute und verantwortungsvolle Unternehmensführung orientieren.
- Die wachsende Bedeutung als Kriterium für

Anlageentscheidungen - vor allem bei internationalen Großinvestoren - macht Corporate Governance zunehmend zu einem wichtigen Faktor für die Wettbewerbsfähigkeit deutscher Unternehmen und die Attraktivität des nationalen Kapitalmarktes.

Beitrag

Der Begriff Corporate Governance wird unterschiedlich definiert. Beispielsweise erklärte ihn die Beratergruppe der OECD von 1998: Corporate Governance umfasst eine Struktur von Beziehungen und entsprechenden Verantwortlichkeiten in einer aus Aktionären, Board-Mitgliedern und Managern bestehenden Kerngruppe zur bestmöglichen Förderung der nötigen Wettbewerbsleistung, um das Hauptziel eines jeden Unternehmens verwirklichen zu können.

Der im Februar 2002 vorgestellte Deutsche Corporate Governance Kodex fasst geltende gesetzliche Standards für eine verantwortungsvolle Führung deutscher Unternehmen zusammen. Darüber hinaus gibt das 12-seitige Papier weitergehende Empfehlungen und Anregungen, die (vor allem auch ausländischen) Investoren eine Beurteilung der

Unternehmensführung erleichtern sollen.

Nachdem der Kodex selbst rechtlich nicht bindend ist, sind bei Verstößen keine Sanktionen vorgesehen. Börsennotierte Aktiengesellschaften sind jedoch aufgrund des im Juli 2002 in Kraft getretenen Transparenz- und Publizitätsgesetzes (TransPuG) verpflichtet, nichteingehaltene Empfehlungen offen zu legen und dies auch zu begründen (comply or explain). Man geht davon aus, dass der Kapitalmarkt unbegründete Verstöße selbst bestraft.

Die im Kodex formulierten Anregungen unterliegen nicht der Offenlegungspflicht. Selbstverständlich sind die im Kodex lediglich zusammengefassten gesetzlichen Vorschriften zu beachten.

Ein Hauptziel der Regierungskommission Deutsche Corporate Governance bei der Erarbeitung und Weiterentwicklung des Kodex ist es, den Standort Deutschland für Investoren - vor allem auch international - attraktiver zu machen.

Intensiviert wurde die Diskussion um Corporate Governance in jüngster Zeit durch den verschärften Wettbewerb um Kapital sowie das durch Unternehmenszusammenbrüche und Bilanzierungsskandale gesunkene Vertrauen der Anleger.

Orientierung an internationaler Kritik

Ein Schwerpunkt bei der Erstellung des Kodex lag im Aufgreifen internationaler Kritik an der Führung deutscher Unternehmen und der Erarbeitung diesbezüglicher Lösungen. Die wesentlichen Schwächen sehen internationale Anleger in folgenden Punkten: (1)

-zu wenig Rücksicht auf Interessen der Anteilseigner
-Aufteilung in Vorstand und Aufsichtsrat
-zu wenig transparente Unternehmensführung
-mangelnde Unabhängigkeit der Aufsichtsräte
-eingeschränkte Unabhängigkeit der Abschlussprüfer

Der Kodex versucht diese Themen in verständlicher Form zusammenfassend zu erläutern und jeweils der Entwicklung des deutschen Kapitalmarkts förderliche Empfehlungen und Anregungen zu geben.

Beispielsweise sollen Gesellschaften einen an die Weisung der Aktionäre gebundenen Stimmrechtsvertreter stellen und eine Teilnahme an der Hauptversammlung via Internet ermöglichen. Der Aufsichtsrat soll insgesamt eine aktivere Rolle einnehmen, beispielsweise in Bezug auf Einforderungen von Informationen des Vorstandes. Die Bildung von Ausschüssen wird angeregt. Zur Verbesserung der Transparenz in der Unternehmensführung soll u. a. der gleiche Informationsstand für alle Aktionäre unter Einhaltung zeitlicher Fristen gewährleistet sein. Zudem sollten die Bezüge der Unternehmensleitung einzeln offengelegt werden. Die Zahl ehemaliger Vorstandmitglieder im Aufsichtrat sollte begrenzt sein, ebenso die Anzahl aller Aufsichtsratsmandate einer Person, Interessenkonflikte sind offen zu legen.

Der vollständige Text des Kodex findet sich im Internet unter http://www.corporate-governance-code.de/ger/kodex (2)

Nutzen für das Unternehmen

Studien zufolge sind Unternehmen mit guter Corporate Governance von internationalen Großanlegern höher bewertet, woraus sich die Möglichkeit einer Kapitalbeschaffung zu günstigeren Konditionen ergibt. Dieser Effekt wird verstärkt durch eine zunehmende Einbeziehung der Corporate Governance in die Ratingkriterien.

Nutzen für die Investoren

Von Vorteil - vor allem für ausländische Investoren - ist die komprimierte und verständlich formulierte Zusammenfassung gesetzlicher Vorschriften zur Leitung deutscher Aktiengesellschaften. Diese finden sich in diversen Gesetzen wie dem Aktiengesetz, den Wertpapierhandelsgesetz, Handelsgesetzbuch etc. Darüber hinaus sollte die erhöhte Transparenz die Vergleichbarkeit der börsennotierten Unternehmen anhand internationaler Standards gewährleisten.

Diskussionspunkte

Der Kodex zur deutschen Corporate Governance wurde grundsätzlich als Schritt in die richtige Richtung gewertet. Viele Finanzexperten halten die derzeitige Fassung jedoch noch für zu milde und fordern eine Verschärfung. Insbesondere die Empfehlungen und Anregungen zum Aufsichtsrat in Deutschland sind in den Augen vieler Kritiker nicht fortschrittlich genug. (3) Gefordert wird u. a. eine Begrenzung der Mitgliederzahl, eine mehr international ausgerichtete Zusammensetzung sowie höhere Anforderungen an Qualifikation und persönliche Eigenschaften.

Kleine und mittlere Aktiengesellschaften sehen wenig Anregungen bezüglich ihrer spezifischen Probleme. Zudem bringt die Umsetzung der Kodex-Empfehlungen für sie in Relation höhere Kosten mit sich.

Angeregt wurden auch schärfere Regelungen in Bezug auf die Unabhängigkeit der Wirtschaftsprüfer sowie ein besserer Schutz der Aktionäre bei Übernahmen.

Gespalten sind die Meinungen zur Offenlegung der Vorstandsbezüge, nachdem eine generelle Tendenz der Erhöhung von Vergütungen oder Unstimmigkeiten aufgrund von Neidgefühlen befürchtet werden.

Fallbeispiele

Studien

Eine Untersuchung des Beratungsunternehmens Dr. Sonje Webconsult GmbH anhand der

Internetauftritte der Dax-30-Unternehmen im April und September 2002 ergab:
-nur 23% äußerten sich im September 2002, ob und inwieweit sie den Kodex befolgen
-ThyssenKrupp ist der Untersuchung zufolge mit 75% Erfüllung in Front (Stand September 2002)
- Stand April 2002 erteilte nur die Deutsche Bank im Internet Auskunft über Vorstandsbezüge; Stand September 2002 auch BASF und ThyssenKrupp. (4)

Die Investmentfondsgesellschaft DWS veröffentlichte eine Studie zur Corporate Governance der im Euro Stoxx 50 notierten Unternehmen und bescheinigt diesen in jüngster Zeit gute Fortschritte. An der Spitze sieht die DWS Nokia, vor Shell. Die Deutsche Bank belegt Rang 3. (5)

Corporate Governance bei öffentlich-rechtlichen Kreditinstituten

Der Frage, ob und inwieweit die Standards des Deutschen Corporate Governance Kodex auch für öffentlich rechtliche Kreditinstitute anwendbar sind, gehen die Autoren in einem Aufsatz nach. (9)

Stellungnahmen einiger Unternehmen zur Einhaltung der Kodex-Empfehlungen und Anregungen

-ThyssenKrupp folgt den Empfehlungen des Kodex mit zwei Ausnahmen; ebenfalls umgesetzt wird die umstrittene Anregung zum Einzelausweis der Vorstandsbezüge. (6)
-Die Geschäftsordnung von Siemens wurde sowohl im Hinblick auf den Deutschen Corporate Governance-Kodex als auch bezüglich der strengeren Anforderungen der New Yorker Börse überarbeitet. Kritisch sieht man die Offenlegung der Vergütungen der Unternehmensleitung, die man demzufolge derzeit nicht umsetzen will.
-Epcos entspricht den Empfehlungen des Kodex mit vier Ausnahmen und wird ebenfalls die Vorstandsvergütungen offen legen. (10)

Weiterführende Literatur

(1) Die Bedeutung des Deutschen Corporate Governance Kodex für die Praxis
aus Zeitschrift für das gesamte Kreditwesen Nr. 11 vom 01.06.2002 Seite 502

(2) http://www.corporate-governance-code.de/ger/kodex
aus Zeitschrift für das gesamte Kreditwesen Nr. 11 vom 01.06.2002 Seite 502

(3) Corporate Governance und Aufsichtsrat
aus Frankfurter Allgemeine Zeitung, 21.10.2002, Nr. 244, S. 24

(4) Dax-30-Firmen behandeln Corporate Governance stiefmütterlich Untersuchung der Onlineauftritte kürt ThyssenKrupp zum Sieger " Informationen zur Vorstands- und Aufsichtsratsvergütung sind noch spärlich
aus FTD Financial Times Deutschland vom 24.09.2002, Seite 28

(5) Europäische Unternehmens-Elite macht bei Corporate Governance gute Fortschritte DWS-Studie: Euro Stoxx 50-Emittenten bemühen sich mit mehr Transparenz und Offenheit um die Anleger
aus Börsen-Zeitung, 21.09.2002, Nummer 183, Seite 1

(6) ThyssenKrupp folgt Verhaltenskodex
aus netzeitung.de vom 01.10.2002

(7) "Ich rechne damit, als aktionärsfeindlich kritisiert zu werden"
aus Frankfurter Allgemeine Zeitung, 03.08.2002, Nr. 178, S. 12

(8) "Ohne Corporate Governance wird Fremdkapital

teurer"
aus Frankfurter Allgemeine Zeitung, 26.10.2002, Nr. 249, S. 21

(9) Corporate Governance - ein Modell für öffentlich-rechtliche Kreditinstitute in Deutschland?
aus Zeitschrift für das gesamte Kreditwesen Nr. 20 vom 15.10.2002 Seite 1089

(10) Epcos akzeptiert Kodex zu Corporate Governance Abweichungen in vier Punkten
aus Börsen-Zeitung, 19.10.2002, Nummer 202, Seite 12

Impressum

Der Deutsche Corporate Governance Kodex

Bibliografische Information der deutschen Nationalbibliothek

Die Deutsche Nationalbibliothek verzeichnet diese Publikation in der deutschen Nationalbibliografie; detaillierte bibliografische Daten sind im Internet über http://dnb.d-nb.de abrufbar.

ISBN: 978-3-7379-0666-1

© 2015 GBI-Genios Deutsche Wirtschaftsdatenbank GmbH, Freischützstraße 96, 81927 München, www.genios.de

Alle Rechte vorbehalten. Dieses Werk ist einschließlich aller seiner Teile – z.B. Texte, Tabellen und Grafiken - urheberrechtlich geschützt. Jede Verwertung außerhalb der Grenzen des Urheberrechtsgesetzes bedarf der vorherigen Zustimmung des Verlags. Dies gilt insbesondere auch für auszugsweise Nachdrucke, fotomechanische Vervielfältigungen (Fotokopie/Mikroskopie), Übersetzungen, Auswertungen durch Datenbanken oder ähnliche Einrichtungen und die Einspeicherung und Verarbeitung in elektronischen Systemen.